OMEGA 3

susaeta

SUMARIO

ENTRANTES Y APERITIVOS

PRIMEROS PLATOS

SEGUNDOS **PLATOS**

POSTRES **Y DULCES**

PRESENTACIÓN

Hemos oído tantas veces que incluir en nuestra dieta el ácido graso omega 3 es de vital importancia que muchos piensan que se trata de un nutriente que no se encuentra en los alimentos que consumimos a diario. Nada más lejos de la realidad. Este ácido graso, esencial para el buen funcionamiento de órganos tan importantes como el corazón o las arterias, por no hablar de la piel o del cabello, se encuentra en muchos productos naturales, en algunos más que otros, eso sí, pero todos a nuestro alcance: pescados, mariscos, legumbres, aceites, frutas y verduras.

Este libro le ofrece una gran variedad de platos sanos y nutritivos que tienen como protagonista los alimentos naturales más ricos en este ácido graso esencial, alimentos que podrá encontrar tanto en tiendas especializadas como en el supermercado más cercano. Y no debemos pensar que comer sano es sinónimo de comer aburrido, pues con un poco de imaginación y unos minutos al día convertiremos las comidas en un festival de colores, sabores y texturas: salmón al cava con crujientes de calabaza, sardinas al estilo veneciano, gazpacho de fresas o peras salteadas con jengibre son algunos deliciosos y nutritivos ejemplos de lo que le espera en este libro.

¡Buen provecho!

El seguro para una larga vida

Demasiadas prisas, demasiado estrés, demasiada comida precocinada hacen que nuestro organismo se resienta y que nuestro pobre corazón sufra a consecuencia de estos excesos.

Pero esto puede cambiar con tan sólo un gesto: modificar nuestros hábitos alimenticios. Es decir, volver a las dietas tradicionales, como la mediterránea, y optar por alimentos naturales, poco o nada manipulados, ricos en minerales, vitaminas y ácidos grasos esenciales, entre los que destaca el protagonista de este libro: el omega 3.

Parece ser que la historia del ácido graso omega 3 comienza en alguna aldea remota de los pueblos esquimales, que habitan las regiones árticas de América, Groenlandia y Siberia. El bioquímico Ralph Holman descubrió, tras analizar la dieta del pueblo inuit, que éstos apenas padecían enfermedades cardiovasculares y que ello estaba estrechamente relacionado con el elevado consumo de animales marinos, cuya grasa es muy rica en ácidos grasos, entre ellos, el omega 3.

Está demostrado que el consumo de este ácido graso en las cantidades aconsejables minimiza el riesgo de sufrir problemas cardiovasculares y reduce el nivel de triglicéridos y de colesterol «malo», entre otros beneficios.

Sin embargo, no hace falta recurrir a ningún preparado que contenga este ácido graso para poder beneficiarnos de sus propiedades. Es más, las mayores concentraciones se encuentran en los alimentos sin manipular, lo más naturales posible, que, por suerte, están al alcance de todos: pescados azules, marisco, verduras frescas, semillas, legumbres y aceites, todos ellos presentes en nuestros mercados.

TABLA DE ALIMENTOS

OMEGA 3

Pescados azules

Este tipo de pescado, tradicionalmente uno de los estandartes de la dieta mediterránea, es el alimento natural que más omega 3 contiene.
Ejemplos: salmón, caballa, arenque, atún, sardina, anchoa, boquerón, salmonete, anguila, congrio, pez espada, lubina, bacalao salado o hígado de bacalao, lubina, rodaballo, etc.

Verduras, frutas, hortalizas, frutos secos

Aunque este grupo de alimentos no destaca por su alto porcentaje en ácidos grasos, lo cierto es que hay algunos que sorprendentemente pueden presumir de tenerlo entre sus nutrientes.
Ejemplos: verdolaga, lechuga, espinaca, pepino, col de Bruselas, col, calabaza, fresa, piña, nuez, almendra, avellana.

Semillas, legumbres, germinados

Sin duda, se trata de uno de los grupos de alimentos más olvidados de las dietas modernas, pero de los más completos en cuanto a nutrientes.
Ejemplos: semillas de lino, cáñamo, chía, sésamo, girasol y calabaza, soja en grano y germinados de todo tipo.

Aceites, leches, cremas, salsas

Hoy en día existe una gran variedad de estos productos entre los que elegir, por lo que no será difícil encontrar los siguientes artículos en tiendas especializadas y, cada vez más, en grandes superficies.
Ejemplos: aceites y leches de linaza, nuez, almendra, soja, germen de trigo y avellana, crema y salsa de soja.

Carnes

Aunque las carnes, del tipo que sean, no tienen grandes concentraciones de omega 3, si se incluyen en la dieta, hay que asegurarse de que sean lo más sanas posible, es decir, que provengan de granjas en las que se alimenta a los animales con productos naturales, pues está comprobado que de esta forma el porcentaje de omega 3 y de otros nutrientes es el más elevado.

ENTRANTES Y APERITIVOS

Croquetas de espinacas, pera y piñones

Tiempo: 40 minutos
Dificultad: media

Ingredientes para 4 personas

400 g de espinacas
3 peras conferencia
30 g de piñones
100 g de pan rallado
100 g de harina de garbanzos
aceite de oliva para freír
125 ml de agua
pimienta negra
sal

Para la besamel de soja

500 ml de leche de soja
40 g de mantequilla
40 g de harina
sal
pimienta

Este plato contiene aromas y gustos que contrastan de manera deliciosa. El dulce de la fruta combinado con el sabor de las espinacas gustará a todos; por no hablar de una de las formas más atractivas de comer: las croquetas.

Preparación

- Lavar las espinacas y cocerlas en agua hirviendo con sal durante 10 minutos o hasta que estén tiernas. Una vez cocidas, colarlas y reservar.
- Pelar las peras y cocerlas en agua hirviendo durante 5 minutos hasta que estén blandas. Una vez hechas, colarlas y aplastarlas con un tenedor sin llegar a formar un puré demasiado fino.
- A continuación, en una sartén con un poco de aceite, dorar los piñones a fuego suave. Después, agregar las peras y las espinacas, y rehogar todo durante 3 minutos a fuego medio. Salpimentar y reservar.
- Para elaborar la besamel, dorar la harina junto con la mantequilla en una sartén de paredes altas. Agregar poco a poco la leche de soja caliente procurando que quede integrada antes de añadir más. Salpimentar y cocer hasta conseguir la textura deseada. Dejar enfriar.
- Una vez fría la besamel, incorporarla a la mezcla de espinacas y peras, y remover hasta que todos los ingredientes estén integrados. Reservar en la nevera durante al menos 5 horas.
- Mezclar la harina de garbanzos con el agua hasta conseguir una pasta lisa con textura de huevo batido. Coger porciones de pasta con una cuchara y pasarlas por la mezcla de harina de garbanzos y después por el pan rallado. Darles forma de croqueta con las manos. Dejar reposar unos minutos y freír en abundante aceite muy caliente por tandas, procurando no poner muchas de una vez para que el aceite no se enfríe. Retirar y escurrir sobre papel de cocina antes de servir.

Anchoas marinadas en zumo de fruta

Tiempo: 30 minutos
(más el tiempo de marinado)
Dificultad: media

Ingredientes para 4 personas

16 anchoas
la ralladura de 1 lima
1 ramita de cebollino
100 ml de aceite de oliva virgen extra
sal fina
sal gruesa

Para la marinada de frutas

250 ml de zumo de piña natural
250 ml de zumo de manzana natural
el zumo de 1 lima
3 cucharadas de vinagre de manzana
una pizca de jengibre rallado
una pizca de pimienta rosa

Preparación

- Limpiar a conciencia las anchoas y, con un cuchillo bien afilado, extraer los lomos y lavarlos bajo el chorro del grifo. Seguidamente, secarlos con papel de cocina. Salar con la sal gruesa y reservar en la nevera durante 15 minutos.
- Para elaborar la marinada de frutas, mezclar en un cuenco los zumos de piña, lima y manzana.
  A continuación, añadir el vinagre, la pimienta y el jengibre, y remover bien. Introducir en el marinado los lomos de anchoa, procurando que queden sumergidos. Tapar el cuenco con film transparente y reservar en la nevera durante 12 horas.
- Disponer los lomos de anchoa en una bandeja de servir. Condimentar con la sal fina, la ralladura de lima y el cebollino picado.
  Por último, rociar con un buen chorro de aceite de oliva virgen extra y servir.

Sin duda, esta receta será del gusto de los paladares más exigentes, por su exotismo y su amplio abanico de aromas. El jengibre, por su parte, es muy beneficioso para el sistema circulatorio, mientras que la piña favorece la digestión, por lo que este plato es una verdadera fuente de salud.

Brochetas de salmón con mayonesa de jengibre y limón

Tiempo: 30 minutos
Dificultad: baja

Ingredientes para 24 brochetas

500 g de salmón en un trozo
aceite de oliva
sal
pimienta

Para la mayonesa

100 g de mayonesa de soja
(ver receta en la pág. 46)
40 g de yogur natural
1 cucharadita de jengibre rallado
2 cucharadas de zumo de limón
2 cucharadas de ralladura de limón
sal
pimienta

Preparación

- Dejar en remojo 24 brochetas de madera en agua 30 minutos para que durante la cocción el salmón no se pegue a la madera.
- Para preparar la mayonesa, mezclar bien todos los ingredientes en un cuenco. Salpimentar al gusto y reservar.
- Limpiar el pescado y desechar la piel y las espinas. Cortar en dados de aproximadamente 3 cm de lado y disponer en una bandeja. Salpimentar y rociar con un buen chorro de aceite.
- Retirar las brochetas del agua e insertar los dados de salmón, procurando que no queden demasiado juntos. Asar en una parrilla o bien sobre una plancha muy caliente.
- Decorar al gusto y servir inmediatamente acompañadas de la mayonesa de jengibre y limón.

Estas divertidas y coloridas brochetas son un magnífico plato para los más pequeños, a los que les encantan las salsas para untar. Si se elaboran para una fiesta infantil, conviene reducir la cantidad de jengibre, pues el leve picor de este ingrediente puede resultarles fuerte.

Panecillos con semillas de lino, sésamo y uvas pasas

Tiempo: 30 minutos (más el reposo)
Dificultad: media

Ingredientes para 4 personas

1 cucharada de semillas de lino
70 g de uvas pasas
1 cucharada de semillas de sésamo
350 g de harina de espelta
100 g de mantequilla de soja
1 sobre de levadura seca de panadería
100 ml de leche desnatada
1 huevo
1 clara de huevo
4 cucharadas de azúcar
una pizca de sal

Preparación

- En un cuenco, disponer la harina junto con la mantequilla previamente fundida, el azúcar, el huevo, la levadura, la leche y la sal. Mezclar hasta conseguir una pasta homogénea y amasarla durante 10 minutos. Reservar en un lugar templado durante 1 hora.
- Pasado el tiempo, disponer la masa sobre la superficie de trabajo y repartir por encima las pasas previamente ablandadas en agua templada, las semillas de lino y el sésamo. Amasar hasta que todos los ingredientes queden integrados.
- Precalentar el horno a 180 °C.
- Dividir la masa en 8 trozos y darles forma de panecillo, redondo u ovalado. Disponer los panecillos en una bandeja de horno y reservarlos en un lugar templado durante 1 hora. Pasado el tiempo, pintar la superficie con la clara de huevo batida y decorar con semillas de lino y sésamo. A continuación, hornearlos durante 20 minutos hasta que estén dorados.

Detallar aquí las propiedades nutritivas de las semillas de lino sería imposible por falta de espacio, así que tan sólo indicaremos las principales: contiene omega 3 (75 %) y omega 6 (25 %), proteínas, fibra, mucílago y carbohidratos, vitaminas del grupo E y B, yodo, cinc, hierro, caroteno, magnesio, calcio, sulfuro, potasio, fósforo y algunas enzimas útiles que ayudan a la digestión de otros alimentos.

Sardinas al estilo veneciano

Tiempo: 30 minutos
Dificultad: media

Ingredientes para 6 personas

500 g de sardinas
300 g de cebollas
15 g de piñones
20 g de uvas pasas
150 ml de vinagre blanco
150 ml de vino blanco
40 ml de aceite de oliva virgen extra
aceite de oliva para freír
harina para rebozar
sal

Preparación

- Remojar las uvas pasas en agua tibia durante 30 minutos y reservar.
- Limpiar a conciencia las sardinas. Pasarlas bajo el chorro del grifo y secarlas con papel de cocina. Abrirlas por la mitad a lo largo, retirar la espina y reservar.
- Calentar abundante aceite de oliva en una sartén. Mientras tanto, salar las sardinas, rebozarlas con la harina varias veces hasta que el rebozado esté suficientemente seco. Una vez que el aceite esté lo bastante caliente, freír las sardinas por tandas y reservar sobre papel de cocina.
- En otra sartén con 40 ml de aceite, dorar la cebolla cortada en juliana a fuego suave durante 10 minutos, hasta que esté transparente. A continuación, verter el vinagre y el vino, y agregar las pasas y los piñones. Proseguir con la cocción a fuego suave hasta que los líquidos se reduzcan a la mitad. Rectificar de sal.
- Por último, disponer las sardinas en una fuente, cubrir con la mezcla de cebolla, pasas y piñones, y reservar, tapadas con film transparente, en la nevera durante al menos 24 horas antes de degustarlas.

Este plato típico de Venecia es una de las maneras más sabrosas de preparar sardinas. El toque aromático lo aporta el vinagre, por lo que conviene comprar uno de calidad.

Boquerones en escabeche de laurel y romero

Tiempo: 30 minutos
(más el tiempo de reposo)
Dificultad: baja

Ingredientes para 4-6 personas

1 kg de boquerones
2 cebollas medianas
1 cabeza de ajo
6 hojas de laurel
1 rama de romero
100 ml de vino blanco
1 cucharada de vinagre de Jerez
350 ml de aceite de oliva
1 cucharadita de pimienta en grano
sal

Preparación

- Limpiar bien los boquerones y sazonarlos. Picar finamente las cebollas y partir la cabeza de ajo por la mitad. Poner ambos ingredientes en una sartén con el aceite de oliva a fuego moderado y pocharlos junto con el romero, la pimienta y el laurel durante 10 minutos hasta que la cebolla y el ajo estén dorados.
- A continuación, incorporar los boquerones y verter el vinagre y el vino. Llevar a ebullición y cocer durante 15 minutos. Pasado este tiempo, retirar del fuego y reservar a temperatura ambiente hasta que los boquerones se enfríen.
- Este plato resulta delicioso si se consume al día siguiente de su preparación, aunque 2 horas de reposo bastan para degustarlo.

¡Qué decir del pescado azul por excelencia! Sus propiedades son muchas, pero en este caso la que más nos interesa es su gran aporte –de los más altos– de omega 3. Versátil como ninguno, el boquerón es un pescado muy consumido en la zona del Mediterráneo, por lo que forma parte sin discusión de la dieta más sana del mundo.

Tortitas de camarón con salsa tártara

Tiempo: 20 minutos
(más el tiempo de reposo)
Dificultad: baja

Ingredientes para 4 personas

200 g de camarones pelados
150 g de harina
2 huevos
125 ml de agua
aceite de oliva para freír
eneldo
sal y pimienta

Para la salsa tártara

250 g de mayonesa de soja
(ver *receta en la pág. 46)*
35 g de alcaparras
35 g de pepinillos en conserva
1 cucharada de zumo de limón
2 cucharadas de perejil picado
sal y pimienta

Preparación

- Para elaborar la salsa tártara, picar los pepinillos y las alcaparras. Pasarlos a un cuenco y agregar el resto de los ingredientes. Mezclar y salpimentar. Reservar en la nevera hasta su uso.
- En un cuenco grande colocar la harina en forma de volcán. Hacer un hueco en el centro, cascar los huevos y ponerlos dentro. Verter encima un poco de agua y mezclar hasta conseguir una pasta homogénea y fina, procurando que no queden grumos.
- A continuación, añadir el resto del agua, el eneldo, la pimienta y sal. Volver a mezclar bien hasta que todos los ingredientes queden integrados. Dejar reposar la pasta a temperatura ambiente durante 30 minutos.
- Pasado este tiempo, incorporar los camarones a la mezcla. Después, echar cucharadas de masa en abundante aceite caliente y freír las tortitas hasta que estén doradas y crujientes.
- Servir las tortitas de camarón inmediatamente acompañadas de la salsa tártara.

Prácticamente todos los mariscos contienen altas dosis de omega 3 y en especial las gambas, los langostinos y, por supuesto, los camarones. Esta forma de cocinarlos es práctica, económica, deliciosa y para todos los gustos.

Pastel de pepino a la menta

Tiempo: 20 minutos
Dificultad: baja

Ingredientes para 4 personas

3 pepinos
300 g de requesón
1 g de agar-agar en polvo
1 manojo de menta
200 ml de caldo de verduras
200 ml de crema de soja
3 ramitas de eneldo
sal
pimienta

Preparación

- Lavar y pelar 2 pepinos y cortarlos en dados pequeños. A continuación, salarlos y reservar.
- Lavar y cortar el pepino restante en rodajas lo más finas posible. Disponerlas en un cuenco y reservarlas tapadas con film transparente para la decoración.
- Calentar el caldo, retirar del fuego e incorporar el agar-agar. Remover y reservar.
- Pasar por agua los dados de pepino y escurrirlos. Lavar, secar y picar la menta muy finamente. Pasarla a un cuenco grande y agregar el requesón desmenuzado junto con la crema de soja, los pepinos y el caldo con agar-agar. Mezclar y salpimentar.
- En un molde alargado, verter la preparación y reservar en la nevera durante 1 hora hasta que cuaje.
- Una vez cuajado, retirar de la nevera, desmoldarlo con cuidado, cubrirlo con las rodajas de pepino y servir decorado con unas ramitas de eneldo.

El agar-agar, un espesante hecho a partir de ocho tipos distintos de algas rojas, es la mejor alternativa a la gelatina común. Sin duda, conviene utilizar el agar-agar elaborado de forma tradicional y sin conservantes. De esta forma, nos aseguramos de que los nutrientes que nos aportan las algas, vitamina B12, calcio, hierro o cinc entre otros, se mantengan intactos.

Albóndigas de tofu con salsa de albaricoque

Tiempo: 30 minutos
(más el tiempo de remojo)
Dificultad: media

Ingredientes para 4 personas

250 g de tofu fresco
1 zanahoria
1 cebolla
2 cucharadas de semillas de sésamo tostadas
2 cucharadas de salsa de soja
harina de trigo integral
aceite de oliva para freír
nuez moscada
sal
pimienta

Para la salsa de albaricoque

150 g de orejones de albaricoque
1 zanahoria
1 patata
leche de avena
agua
sal

La soja es cada vez más popular. En todas sus variedades de consumo resulta muy saludable y es fuente natural de omega 3.

Preparación

- Envolver en un paño el tofu para que suelte el suero. Reservar durante 30 minutos a temperatura ambiente.
- Mientras tanto, pelar y picar finamente la cebolla. Pelar y cortar la zanahoria en trozos pequeños. En una sartén con un chorro de aceite, rehogar ambas verduras durante 10 minutos hasta que estén blandas.
- Desenvolver el tofu y desmenuzarlo. Incorporarlo a la preparación de cebolla y zanahoria junto con la salsa de soja, las semillas de sésamo y la nuez moscada. Continuar con la cocción durante 3 minutos más hasta conseguir una pasta homogénea y seca. Salpimentar.
- Una vez fría la masa, formar las albóndigas con las manos. Pasarlas por la harina y freírlas en una sartén de paredes altas con abundante aceite de oliva. Escurrir las albóndigas sobre papel de cocina y reservarlas calientes.
- Para elaborar la salsa de albaricoque, picar finamente los orejones y reservarlos en remojo durante 3 horas. Pelar, cortar y cocer en agua hirviendo la zanahoria y la patata. Triturar los orejones, la zanahoria, la patata y el resto de los ingredientes hasta conseguir una salsa lisa.
- Servir las albóndigas acompañadas de la salsa de albaricoque y decoradas al gusto.

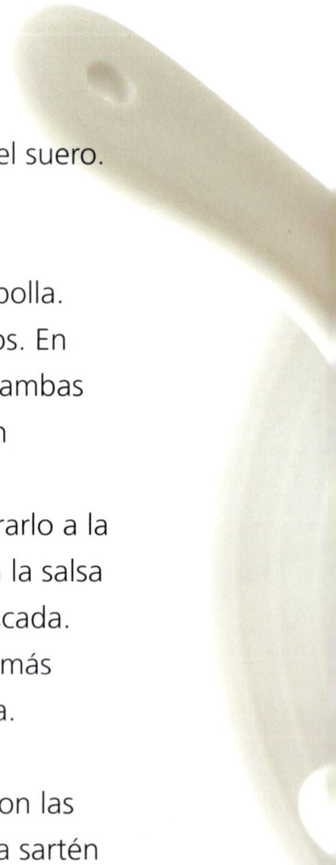

Ceviche de caballa con aguacate

Tiempo: 20 minutos
(más el tiempo de maceración)
Dificultad: baja

Ingredientes para 4 personas

350 g de caballa
1 aguacate
el zumo de 1 naranja
el zumo de 8 limones
1 cebolla de Figueras
1 pimiento verde
1 manojo pequeño de cilantro fresco
sal
pimienta

Preparación

- Limpiar y cortar el pescado en dados de aproximadamente 2 cm de lado. Reservar en la nevera hasta su uso.
- Picar el pimiento y la cebolla. Picar el cilantro y cortar el aguacate en dados de tamaño similar a los de pescado.
- Sacar el pescado de la nevera. En un cuenco grande, mezclarlo con las hortalizas y el aguacate junto con los zumos de naranja y de limón. Salpimentar. Dejar macerar el ceviche durante 1 hora y 30 minutos.
- A la hora de presentar el plato, disponer el ceviche en cuencos individuales y decorar con cilantro.

El ceviche es la manera tradicional de preparar el pescado en los países americanos del litoral del océano Pacífico. Las variantes son infinitas, pero todas comparten la técnica de la maceración. Para evitar cualquier contratiempo, se aconseja congelar el pescado durante al menos 24 horas.

Pan de nueces y ciruelas pasas

Tiempo: 20 minutos
(más el tiempo de reposo)
Dificultad: media

Ingredientes para 3 panes

200 g de harina integral de trigo
300 g de harina refinada de trigo
125 g de nueces
3 ciruelas pasas
3 cucharadas de aceite de nuez
1 cucharada de aceite de oliva
225 ml de agua tibia
35 g de levadura de panadería
1 cucharadita de azúcar
2 cucharaditas de sal

El aceite de nuez, uno de los más ricos en ácidos grasos esenciales, es fácil de encontrar en las tiendas especializadas de las grandes ciudades.
Si no se localiza, en Internet hay infinidad de páginas donde se puede adquirir.

Preparación

- En un cazo con el agua, disolver la levadura junto con el azúcar y mezclar hasta que no queden grumos. Dejar fermentar la preparación tapada con film transparente durante 10 minutos.
- Pasado el tiempo, formar un volcán con las harinas y esparcir la sal por las paredes exteriores. Verter el aceite y la mezcla de levadura y agua en el hueco del volcán. Mezclar todos los ingredientes con las manos y amasar hasta conseguir integrarlos totalmente. Cubrir la masa resultante con un paño de algodón y dejar reposar hasta que duplique su tamaño.
- Una vez que haya levado la masa, extenderla con las manos y repartir por la superficie las nueces peladas y picadas y las ciruelas troceadas. Amasar y formar 3 panes ovalados. En una placa de horno ligeramente untada con aceite de oliva, disponer los panes separados entre sí y cubrirlos con un paño de algodón. Dejar reposar hasta que dupliquen su volumen.
- Una vez que hayan levado, practicar unos cortes en la superficie de los panes con un cuchillo y pintarlos con aceite de nuez. A continuación, cocerlos en el horno precalentado a 200 °C durante 30 minutos hasta que estén dorados.

PRIMEROS
PLATOS

Ensalada de arenques con escabeche de cardamomo

Tiempo: 40 minutos
Dificultad: baja

Ingredientes para 4 personas

4 filetes de arenque ahumado
1 manzana verde
1 pera
6 patatas mini
1/2 cebolleta
1/2 cebolla roja
sal

Para el escabeche

200 ml de vinagre de manzana
200 ml de agua
3 semillas de cardamomo
1/2 cucharadita de cardamomo molido
1/2 cucharadita de pimienta negra
2 cucharadas de azúcar
1 hoja de laurel

Preparación

- Para preparar el escabeche, mezclar en una olla el vinagre y el agua. Añadir las semillas de cardamomo, el cardamomo molido, el laurel, la pimienta y el azúcar, y llevar a ebullición. Hervir durante 5 minutos, retirar del fuego y reservar hasta que esté completamente frío.
- Cortar en tiras los filetes de arenque. Pelar y lavar las patatas mini, y cocer hasta que estén tiernas pero enteras. Pelar la manzana y la pera, y cortarlas en dados.
- En una ensaladera, mezclar las patatas, la manzana y la cebolleta y la cebolla roja cortadas en juliana. A continuación, incorporar los filetes de arenque, verter el escabeche por encima y mezclar. Rectificar de sal y servir la ensalada bien fría.

Esta nutritiva ensalada es ideal para degustar en verano. El arenque, un pescado azul poco consumido en nuestro país, resulta especialmente sabroso preparado de esta manera.

Ensalada de brotes y bulgur con aceite de nuez

Tiempo: 20 minutos
Dificultad: baja

Ingredientes para 4 personas

50 g de bulgur cocido
25 g de soja germinada
25 g de rábano germinado
25 g de alfalfa germinada
25 g de canónigos
12 ciruelas rojas partidas
25 g de nueces
1 cucharada de aceite de oliva virgen extra

Para la vinagreta

1 chalota
50 ml de aceite de oliva virgen extra
25 ml de aceite de nuez
50 ml de zumo de limón
una pizca de sal
1/2 cucharada de azúcar moreno

Preparación

- Para elaborar la vinagreta, pelar y picar muy finamente la chalota. Pasar a un cuenco e incorporar el resto de los ingredientes. Mezclar bien y reservar.
- En una ensaladera, disponer los canónigos y los diferentes brotes, y colocar encima el bulgur aliñado con la vinagreta.
- Distribuir por encima las ciruelas deshuesadas y troceadas, y las nueces troceadas groseramente. Por último, regar con el aceite de oliva.

En varias recetas de este libro se usa el aceite de nuez. La razón es bien sencilla: además de tener un sabor dulzón y muy aromático, es saludable y muy nutritivo, pues el porcentaje de ácidos esenciales que posee es muy elevado. Sólo es necesario tener en cuenta una cuestión para conservar todas sus propiedades: hay que guardarlo en un lugar oscuro, pues se oxida con facilidad.

Ensalada de garbanzos y rúcula con mezcla de semillas

Tiempo: 15 minutos
(más el tiempo de remojo y cocción)
Dificultad: baja

Ingredientes para 4 personas

175 g de garbanzos secos
50 g de rúcula
2 cebollas
1 pimiento rojo
2 zanahorias
30 g de semillas de lino
30 g de semillas de sésamo negro
3 cucharadas de aceite de oliva virgen extra
2 cucharaditas de zumo de limón
sal

Preparación

- Dejar en remojo los garbanzos la víspera de realizar la receta y cocerlos en abundante agua hasta que estén tiernos.
- En una sartén con unas gotas de aceite, tostar las semillas de lino hasta que estén doradas. Reservar.
- Para el aliño, mezclar en un cuenco 1 cucharada de aceite, la sal, el zumo de limón, las semillas de lino tostadas y las semillas de sésamo. Incorporar, a continuación, los garbanzos cocidos, mezclar y reservar.
- Lavar la rúcula y cortar el pimiento en tiras. Pelar las cebollas y cortarlas en rodajas. Pelar las zanahorias y rallarlas.
- Proceder a montar la ensalada en platos individuales. Disponer en la base los garbanzos aliñados y después el resto de los ingredientes. Regar con el resto de aceite de oliva.

Todo el mundo sabe que las legumbres son muy saludables y sabrosas. En esta ocasión, los garbanzos son el ingrediente principal de esta ensalada, aunque es posible prepararla, obteniendo los mismos resultados, con lentejas, soja o alubias. Por su parte, las semillas le dan un toque de exotismo y color.

Gazpacho de pepino y yogur griego

Tiempo: 20 minutos
Dificultad: baja

Ingredientes para 4 personas

1 kg de pepinos
4 yogures griegos
1/2 vaso de agua
2 cucharadas de vinagre
3 cucharadas de aceite de oliva virgen
1/2 diente de ajo
ramitas de eneldo (opcional)
sal

Preparación

- Con un pelador, pelar los pepinos dejando parte de la cáscara y, a continuación, picarlos. Ponerlos en un cuenco de paredes altas e incorporar el yogur, el vinagre, el aceite y el ajo. Triturar todos los ingredientes hasta conseguir una salsa homogénea.
- Rebajar el gazpacho con agua hasta lograr la textura deseada. Batir y rectificar de sal.
- Servir frío y decorado con trocitos de pepino o con 1 ramita de eneldo.

Para aquellas personas a las que no les guste el tomate, ésta es una deliciosa alternativa al tradicional gazpacho. El pepino es además rico en omega 3, vitaminas C y D, carotenos y aminoácidos… ¡y un excelente hidratante!

Ensalada de brotes de espinacas, seitán y nueces

Tiempo: 20 minutos
Dificultad: baja

Ingredientes para 4 personas

150 g de brotes de espinacas
50 g de seitán ahumado
25 g de pipas de girasol peladas
50 g de nueces peladas
4 rodajas de 1 cm de grosor de queso de cabra
50 g de tomates cherry
40 ml de vinagre de Módena
60 ml de aceite de oliva virgen
sal

Preparación

- Preparar una vinagreta con la sal, 45 ml de aceite de oliva y el vinagre de Módena.
- Lavar muy bien los brotes de espinacas y disponerlos en una ensaladera. Lavar y partir por la mitad los tomates cherry y agregarlos a las espinacas.
- En una sartén con el resto del aceite de oliva, saltear durante 3 minutos el seitán troceado. Retirarlo de la sartén y reservar.
- A continuación, dorar las rodajas de queso de cabra por ambos lados y colocarlas en la ensaladera sobre las espinacas y los tomates cherry. Seguidamente y antes de que se enfríe el queso, incorporar las nueces, las pipas y el seitán.
- Por último, aliñar la ensalada con la vinagreta y servir inmediatamente.

Esta colorida y deliciosa ensalada aporta gran cantidad de omega 3 debido a la presencia de las nueces y las espinacas, que son fuente natural de este ácido graso, además de poseer un alto valor nutritivo. El seitán, también llamado carne vegetal, está cargado de proteínas vegetales que ayudan a regular el colesterol.

Sopa de calabaza y soja al jengibre

Tiempo: 20 minutos
Dificultad: baja

Ingredientes para 6 personas

30 g de harina de trigo
30 g de harina de soja
1 1/2 l de caldo de verduras
200 g de calabaza cocida
100 g de soja cocida
70 ml de leche de soja
40 ml de aceite de oliva
2 cucharaditas de jengibre molido
1 cucharada de semillas de sésamo negro
1 cucharada de semillas de sésamo
sal

Preparación

- Llevar a ebullición el caldo de verduras. En una olla con el aceite, tostar las harinas de soja y de trigo, removiendo sin parar hasta que se doren. Verter entonces el caldo y continuar con la cocción removiendo de vez en cuando. A continuación, agregar la calabaza troceada y cocer durante 10 minutos más.
- Pasado este tiempo, incorporar la soja cocida y retirar la olla del fuego. Añadir la leche de soja y el jengibre, y remover. Rectificar de sal. Por último, servir la sopa bien caliente en cuencos individuales, espolvoreada con las semillas de sésamo y decorada al gusto.

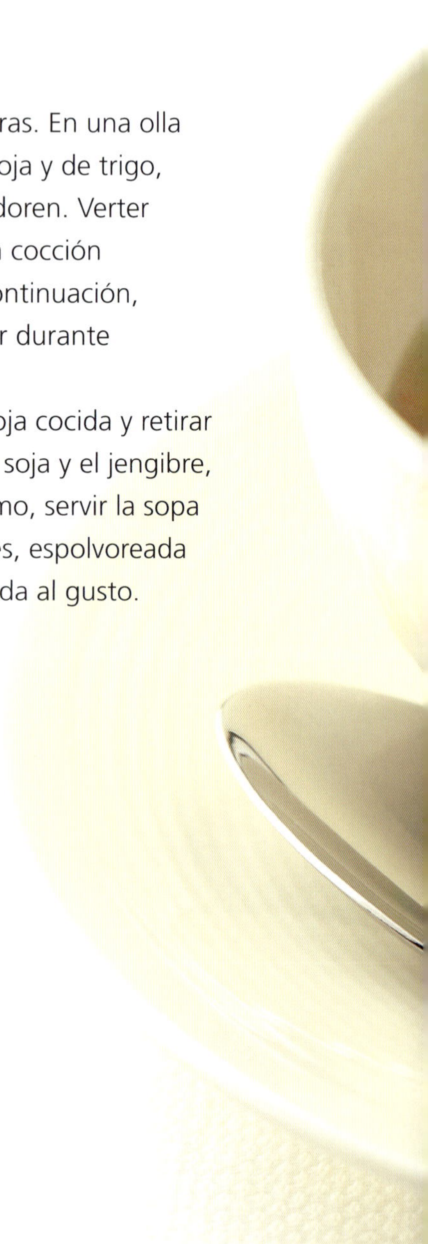

Las pepitas de calabaza, que se suelen desechar, una vez secas y tostadas resultan un aperitivo muy saludable, pues su consumo, preferentemente solas y 30 minutos antes de las comidas, es altamente beneficioso, en especial para aumentar la segregación de serotonina. Además, no hay nada mejor que un revitalizador plato de sopa para reponer fuerzas en otoño e invierno.

Ensalada de judías verdes y caballa con mayonesa de soja

Tiempo: 15 minutos
Dificultad: baja

Ingredientes para 4 personas

400 g de judías verdes
2 latas de caballa en aceite de oliva
1 cebolleta
2 cucharadas de perejil picado
80 g de hojas de rúcula
40 ml de aceite de oliva virgen
pan de pita para acompañar

Para la mayonesa de soja

120 g de leche de soja en polvo (sin sabor)
375 ml de agua
3 dientes de ajo
1 limón grande
aceite de oliva virgen extra
sal
pimienta

Preparación

- Para elaborar la mayonesa, verter el agua en el vaso de la batidora. Después, agregar la leche de soja en polvo y los ajos. Comenzar a batir y mientras tanto echar el aceite poco a poco pero de forma ininterrumpida hasta conseguir la textura deseada. Cuanto más aceite se emplee, más espesa saldrá la mayonesa. Por último, y ya sin batir, incorporar el zumo de limón, salpimentar y mezclar.
- Lavar y cortar las judías. Cocerlas hasta que estén tiernas, escurrirlas y dejar enfriar.
- Picar la cebolleta muy fina y escurrir la caballa.
- En un cuenco, mezclar la mayonesa con el perejil picado. Disponer las judías en la base de una fuente redonda y, a continuación, colocar la cebolleta cortada en juliana, la caballa y la rúcula. Decorar con la mayonesa. Rociar todo con el aceite de oliva.
- Servir la ensalada acompañada de pan de pita tostado.

Las salsas, lleven huevo o no, deben elaborarse el mismo día de su consumo, pues se estropean con mucha facilidad. Si no se dispone de demasiado tiempo para preparar la mayonesa de soja, siempre se puede comprar en tiendas especializadas o en Internet.

Sopa de verdolaga y tomate al cilantro

Tiempo: 30 minutos
Dificultad: media

Ingredientes para 4 personas

500 g de verdolaga
300 g de tomates verdes
1/4 de cebolla
2 ramas de cilantro
2 l de caldo de verduras
1 diente de ajo
60 ml de aceite de oliva
sal
pimienta

Preparación

- Lavar los tomates y cortarlos en trozos medianos. Pelar y cortar la cebolla en daditos. Lavar y trocear la verdolaga. Filetear el ajo.
- En una olla de paredes altas con el aceite, sofreír la cebolla, los tomates, el cilantro y el ajo a fuego suave durante 10 minutos hasta que la cebolla esté transparente.
- Agregar, a continuación, la mitad del caldo y triturar con la batidora. Verter el resto del caldo y llevar a ebullición. En este momento, incorporar la verdolaga.
- Cocer durante 5 minutos más, sazonar con sal y pimienta y servir inmediatamente.

La verdolaga es poco conocida en gran parte del mundo. No obstante, hay muchos lugares en los que se cocina como cualquier otra verdura con unos resultados excelentes. Además, constituye una buena fuente de omega 3.

Ensalada fresca de soja y germen de trigo

Tiempo: 40 minutos
(más el tiempo de remojo)
Dificultad: media

Ingredientes para 6 personas

200 g de soja
125 g de germen de trigo
3 cucharadas de semillas de sésamo
2 zanahorias
2 huevos
1/2 cebolla

Para el aliño

60 ml de aceite de oliva virgen
2 cucharadas de zumo de limón
1 cucharada de perejil picado
sal
pimienta

Preparación

- Poner en remojo la soja la víspera de realizar la receta. Al día siguiente, cocerla en abundante agua hirviendo durante 2 horas hasta que esté tierna. Si hiciera falta agregar más agua, ésta debe estar caliente, pues de lo contrario la soja se endurecería. Escurrir y reservar hasta que se enfríe.
- Para preparar el aliño, mezclar todos los ingredientes y reservar.
- Cocer los huevos durante 10 minutos, pelarlos y reservar hasta que se enfríen. Una vez fríos, cortarlos en cuartos.
- Mientras tanto, pelar las zanahorias y rallarlas. Pelar la cebolla y cortarla en rodajas.
- Disponer la soja en la base de una ensaladera. A continuación, incorporar el germen de trigo, la zanahoria, la cebolla y, por último, los huevos. Espolvorear por encima las semillas de sésamo y bañar con el aliño.

Esta receta podría haberse llamado «ensalada anticolesterol», pues contiene gran cantidad de omega 3 y otros ácidos grasos esenciales. Y por si fuera poco, resulta fresca, divertida y muy sabrosa.

Gazpacho de fresa al balsámico de Módena

Tiempo: 20 minutos
Dificultad: baja

Ingredientes para 4 personas

1 pepino pequeño
350 g de fresas
1 cebolleta
150 g de pimiento rojo
1 cucharadita de pan rallado
2 cucharadas de aceite de oliva virgen
1 cucharada de vinagre balsámico de Módena
una pizca de nuez moscada
250 ml de agua fría
sal

Preparación

- Pelar y picar el pepino y la cebolleta. Trocear el pimiento. Lavar las fresas, eliminar el pedúnculo y cortarlas por la mitad. Reservar unos trozos de pepino y fresa para decorar.
- Poner estos ingredientes en un cuenco de paredes altas y triturar hasta obtener una salsa homogénea. Agregar el vinagre (reservar un poco para decorar), la nuez moscada y la sal. A continuación, incorporar el agua y el pan rallado y triturar. Reservar en la nevera durante 1 hora como mínimo.
- Una vez que el gazpacho esté bien frío, servir en vasos individuales y adornar con trocitos de pepino y fresas.
- Por último, rociar con el aceite de oliva virgen extra y con unas gotas de balsámico de Módena.

Las fresas, fuente natural de omega 3, dan color y dulzura a este gazpacho, que deleitará en los calurosos días de verano a los amantes de las sopas frías. Si se quiere añadir un plus de este ácido graso, bastará con espolvorear 1/2 cucharadita de semillas de lino, que además le aportarán un toque exótico.

Sopa de pescado azul

Tiempo: 1 hora
Dificultad: media

Ingredientes para 4-6 personas

3 pescadillas
150 g de pez espada
2 cebollas
1 tomate
125 ml de vino blanco
2 l de agua o de caldo de verduras
1 zanahoria
1 diente de ajo
1 hoja de laurel
50 ml de aceite de oliva
sal
pimienta

Preparación

- Cocer el pez espada y las pescadillas en 2 l de agua o de caldo de verduras junto con 1 cebolla y la hoja de laurel. Al cabo de 10 minutos, retirar los pescados y quitar las espinas. Reservar la carne e incorporar las cabezas y las espinas al caldo. Llevar de nuevo a ebullición y cocer durante 15 minutos más. Pasado este tiempo, colar el caldo y reservar.
- En una cazuela con el aceite, rehogar la cebolla restante picada durante 5 minutos hasta que esté transparente. Añadir el ajo picado, la zanahoria cortada en trozos pequeños y el tomate pelado y picado. Sofreír durante 5 minutos más y agregar el vino. Dejar que reduzca durante 3 minutos.
- A continuación, incorporar el caldo y la carne de pescado reservados a la cazuela de las verduras y cocer todo durante 25 minutos. Pasado este tiempo, salpimentar y servir caliente.

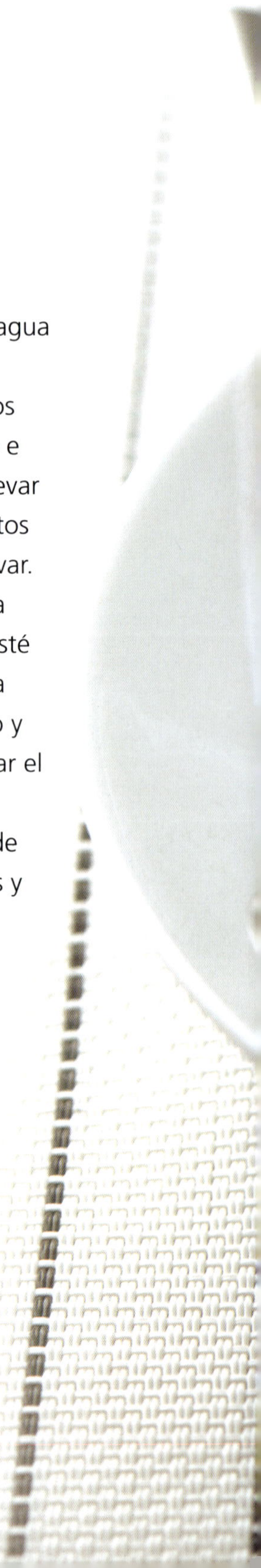

La sopa que se presenta aquí tiene como ingredientes principales algunos de los pescados más ricos en omega 3. Sabrosa como pocas, nutritiva y apetitosa, será un primer plato del agrado de toda la familia.

Ensalada de langostinos, lima y aguacate

Tiempo: 15 minutos
Dificultad: baja

Ingredientes para 4 personas

125 g de hojas de lechugas variadas
200 g de langostinos cocidos
1 lima
1/4 de melón
1 aguacate

Para la vinagreta

1/2 pimiento verde
1/4 de cebolleta
1/4 de pepino
125 ml de aceite de oliva virgen extra
el zumo de 1 lima
sal

Preparación

- Para preparar la vinagreta, picar finamente el pepino, el pimiento verde y la cebolleta, y ponerlos en un cuenco. Añadir el aceite, el zumo de lima y sazonar con sal. Mezclar y reservar.
- Pelar los langostinos. Lavar las hojas de lechuga y, si fueran demasiado grandes, trocearlas. Reservar.
- Pelar y cortar en dados el aguacate y el melón. Lavar la lima y cortarla en rodajas muy finas.
- En una ensaladera, disponer las lechugas y aliñar con una tercera parte de la vinagreta. A continuación, colocar el melón, la lima y el aguacate y volver a aliñar con otra tercera parte de la vinagreta. Por último, incorporar los langostinos y verter por encima el resto del aliño.

Esta ensalada veraniega es una versión del famoso cóctel de gambas. Sin embargo, en esta ocasión se ha aliñado con una original vinagreta en lugar de utilizar la salsa cóctel, por lo que resultará mucho más saludable.

SEGUNDOS PLATOS

Carpacho de solomillo con salsa de nueces pacanas

Tiempo: 20 minutos
(más el tiempo de remojo)
Dificultad: media

Ingredientes para 4 personas

400 g de solomillo en un trozo
100 g de berros
100 g de rúcula
150 g de queso parmesano

Para la vinagreta

75 ml de aceite de nuez
25 ml de moscatel
15 ml de vinagre de manzana
50 g de aceitunas negras sin hueso
25 g de pepinillos en conserva
1 cucharadita de mostaza
una pizca de sal

Para la salsa de nueces pacanas

100 g de nueces pacanas
1 cebolla
1 rebanada de pan duro
3 dientes de ajo
150 ml de caldo de verduras
150 ml de crema de leche
2 cucharadas de aceite de oliva
una pizca de azafrán
sal y pimienta

Preparación

- Limpiar el solomillo, envolverlo en film transparente y reservarlo en el congelador durante 4 horas. Unos 30 minutos antes de cortarlo, sacarlo del congelador y guardarlo en la nevera.
- Para elaborar la vinagreta, mezclar en un cuenco el vinagre, el moscatel y la mostaza hasta que queden totalmente ligados. A continuación, agregar el aceite de nuez, la sal, las aceitunas y los pepinillos bien picados. Volver a mezclar y reservar.
- Para preparar la salsa de nueces pacanas, en un cuenco con agua poner en remojo las pacanas durante 20 minutos. En una sartén con el aceite de oliva, freír el pan y los ajos durante 2 minutos hasta que queden dorados. Colar las pacanas y desechar el agua. Triturarlas junto con el pan, el ajo y el caldo. En una cazuela, dorar la cebolla picada muy finamente durante 3 minutos. Agregar la pasta de pacanas, la crema de leche y el azafrán, salpimentar y cocer 8 minutos sin parar de remover hasta lograr una salsa espesa.
- Cortar el queso en lonchas finas.
- Retirar el film transparente al solomillo y cortarlo en lonchas lo más finas posible.
- En platos individuales, montar el carpacho de la siguiente manera: disponer las lonchas de solomillo hasta cubrir la base del plato, rociar la carne con la vinagreta, colocar en el centro un poco de rúcula y unos berros, a continuación el queso y por último repartir la salsa de nueces pacanas.

Guiso de tofu, espinacas y orejones

Tiempo: 1 hora
Dificultad: baja

Ingredientes para 4-6 personas

300 g de tofu fresco
250 g de espinacas
150 g de orejones
1 cebolla
1 zanahoria
2 patatas
1 1/2 l de caldo de verduras
80 ml de aceite de oliva
sal
pimienta

Preparación

- Cortar el tofu en dados y sofreírlo junto con los orejones troceados en una sartén con 40 ml de aceite. Reservar.
- Pelar y picar la cebolla. En una cazuela de barro con el resto del aceite, pocharla a fuego medio durante 5 minutos hasta que se dore. En este momento, incorporar las espinacas lavadas y troceadas. Agregar la preparación de tofu y orejones reservada y verter el caldo. Poner a fuego fuerte hasta que alcance el punto de ebullición y cocer después durante 20 minutos a fuego suave.
- Pelar y cortar en dados medianos la zanahoria y las patatas. Añadir las verduras a la preparación anterior y continuar con la cocción durante 20 minutos más.
- Sazonar con sal y pimienta, y servir caliente.

Este guiso, apto para vegetarianos y veganos, es ideal para los días fríos de otoño e invierno, pues es sumamente nutritivo, aunque aquellas personas que sigan una dieta pueden estar tranquilas, ya que el aporte de grasas es mínimo.

Bacalao con mermelada de tomate y crema de col

Tiempo: 1 hora
(más el tiempo de reposo)
Dificultad: media

Ingredientes para 4 personas

800 g de bacalao en 4 trozos
2 manojos de espárragos verdes
1/2 col
1 kg de tomates maduros
700 g de azúcar
el zumo de 1 limón
120 ml de aceite de oliva
8 ramitas de cebollino
sal
pimienta

Si lo que se pretende es sorprender a unos comensales exigentes, esta receta es ideal, pues tanto visualmente como en cuanto a sus aromas y sabores resultará un éxito. Si se desea conseguir un sabor aún más intenso, se puede sustituir la col por coliflor o brécol.

Preparación

- Para preparar la mermelada, escaldar los tomates en agua hirviendo durante 30 segundos. Escurrirlos y, cuando estén fríos, retirarles la piel, cortarlos por la mitad y desechar las semillas.
- En una cazuela de barro, mezclar los tomates con el azúcar y el zumo de limón y reservar en la nevera durante al menos 12 horas. Pasado el tiempo de reposo, cocer la preparación a fuego suave durante 50 minutos removiendo a menudo con una cuchara de madera. Una vez lista, reservar la mermelada a temperatura ambiente.
- Mientras tanto, lavar y trocear la col. En una olla con agua y sal, cocerla durante 15 minutos.
  A continuación, escurrirla y triturarla con la batidora junto con 50 ml de aceite. Sazonar y reservar.
- Cocer en agua hirviendo con sal los espárragos durante 3 minutos. Escurrirlos y dorarlos en una sartén con 40 ml de aceite durante 3 minutos y reservar.
- Salpimentar los trozos de bacalao y cocerlos en una sartén a fuego vivo con el resto del aceite hasta que queden dorados por fuera pero jugosos por dentro.
- Para montar el plato, poner en la base 2 cucharadas de mermelada de tomate, 4 puntas de espárragos y encima 1 trozo de bacalao. Colocar a un lado 2 cucharadas de crema de col. Por último, rociar el pescado con 1 chorrito de aceite y decorar con 2 ramitas de cebollino.

Verdolaga, espinacas y col en salsa de cilantro

Tiempo: 20 minutos
Dificultad: baja

Ingredientes para 4 personas

300 g de verdolaga
100 g de espinacas
200 g de col
500 g de tomates verdes
1 pimiento rojo
1 guindilla (opcional)
1 manojo pequeño de cilantro
2 dientes de ajo
1/2 cebolla
750 ml de caldo de verduras
60 ml de aceite de oliva
sal

Preparación

- Triturar con la batidora el cilantro, los tomates, el pimiento, la guindilla, los ajos y la cebolla juntos. Sazonar.
- En una cazuela con el aceite echar esta salsa y llevarla a ebullición. En ese momento, agregar el caldo de verduras y cocer durante 10 minutos a fuego medio hasta que la salsa reduzca.
- Mientras tanto, lavar la verdolaga y picarla. Lavar las espinacas y la col, y cortar esta última en juliana muy fina.
- Agregar las verduras a la salsa en ebullición, tapar la cazuela y cocer durante 10 minutos más.
- Servir el guiso de verdolaga, espinacas y col en platos individuales. Espolvorear con cilantro picado y degustar bien caliente.

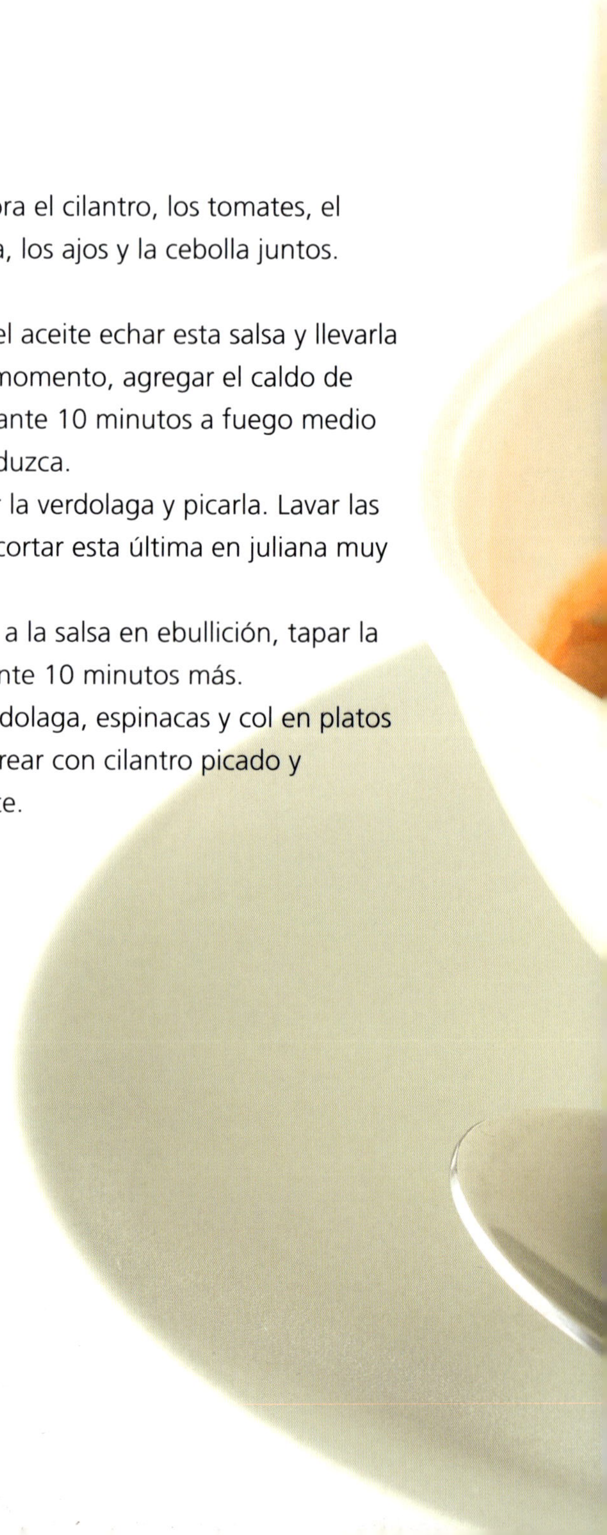

Posiblemente esta receta vegetariana, ideal para combatir el frío del invierno, sea la que mayor cantidad de omega 3 contenga, pues casi todos los alimentos de la lista son fuente natural de este ácido graso. Si no se encuentra la verdolaga, se puede sustituir perfectamente por* pak choy *–una verdura de origen chino que se encuentra en muchos supermercados– o por cualquier otra verdura de hoja verde. El resultado será igualmente excepcional.

Pollo con piña, coco y mango

Tiempo: 40 minutos
Dificultad: media

Ingredientes para 4 personas

1 pollo de 1 1/2 kg
1/2 piña
1 mango
300 ml de leche de coco
1 pimiento verde
1 tomate maduro
1 diente de ajo
1 cucharada de harina de soja
60 ml de aceite de oliva
1/2 cucharada de azúcar moreno
1 cucharadita de comino
1 cucharadita de pimienta negra
sal

Este plato colorido y cargado de aromas exóticos vestirá con elegancia las mesas de una celebración. El sabor agridulce resultante de la combinación de pollo, piña y coco suele ser del gusto de todos, aunque puede que a algunos les resulte demasiado intenso. En este caso bastará con eliminar de la receta el azúcar y sustituir la leche de coco por caldo de verduras.

Preparación

- Pelar la piña y cortarla en rodajas. Desechar el corazón, la parte dura y todos los restos de corteza que pudieran quedar. Pelar el mango y trocear la pulpa.
- Colocar las frutas en una cacerola junto con el azúcar. Cubrir con agua y cocer a fuego suave durante 15 minutos. Si pasado este tiempo la fruta no quedara lo suficientemente dulce, cocer durante unos minutos más. Una vez cocida, reservar el jugo de la cocción y las frutas por separado.
- Cortar el pollo en trozos medianos y aderezarlo con el comino, el ajo, la sal y la pimienta. Reservar durante 15 minutos para que tome los aromas de las especias. Una vez pasado el tiempo, freír el pollo en una cazuela con 30 ml de aceite a fuego medio.
- Cuando esté dorado por fuera y crudo por dentro, retirar de la cazuela y reservar.
- En esta misma cazuela, poner el aceite restante, agregar el tomate troceado y sofreír a fuego suave durante 1 minuto. Incorporar el pollo frito y la preparación de piña y mango junto con el líquido de cocción y remover bien. A continuación, añadir el pimiento cortado en tiras y la leche de coco.
- Cocer a fuego medio durante 25 minutos. Una vez pasado el tiempo, disolver la harina de soja en un cuenco con un poco del líquido de la cocción y agregar a la cazuela. Remover bien y rectificar de sal y pimienta. Servir el pollo acompañado de arroz largo hervido.

Carpacho de salmón fresco con apio y nabo

Tiempo: 20 minutos
Dificultad: baja

Ingredientes para 4 personas

200 g de salmón fresco
1 pepino
1 zanahoria
1 tallo de apio
1 nabo

Para la vinagreta

50 ml de vinagre de vino
150 ml de aceite de oliva
2 cucharaditas de semillas de cilantro
2 cucharaditas de semillas de mostaza
sal
pimienta

Preparación

- Congelar el salmón antes de su uso. Una vez descongelado, cortarlo en lonchas lo más finas posible.
- Para preparar la vinagreta, poner en un cuenco las semillas de cilantro y las de mostaza. A continuación, agregar el aceite y el vinagre, y sazonar con sal y pimienta. Mezclar y reservar.
- Lavar y secar el pepino, la zanahoria, el apio y el nabo. Pelar las hortalizas y cortarlas en juliana muy fina. Reservar en un cuenco con agua fría hasta su uso.
- Para montar el plato, disponer como base las lonchas de salmón. Después, los vegetales en forma de círculo y, por último, aderezar el carpacho con la vinagreta. Servir inmediatamente.

El salmón es uno de los pescados más ricos en ácidos grasos, concretamente en omega 3. Por este motivo, su consumo resulta muy beneficioso para la salud. Asimismo, es una fuente excelente de proteínas de alto valor biológico y, por supuesto, un alimento versátil y sumamente sabroso.

Ternera con almendras, salsa de soja y germinados

Tiempo: 1 hora
Dificultad: baja

Ingredientes para 6 personas

700 g de ternera
100 g de almendras
30 g de brotes de alfalfa
30 g de brotes de soja
1 pimiento verde
2 dientes de ajo
harina para rebozar
125 ml de vino blanco
125 ml de salsa de soja
250 ml de agua
50 ml de aceite de oliva
4 ramitas de perejil
sal
pimienta

Preparación

- Lavar y cortar en tiras el pimiento. En una sartén con el aceite, sofreír el pimiento junto con los ajos enteros durante 5 minutos a fuego medio. Retirar de la sartén y reservar.
- Cortar la ternera en dados pequeños y pasarlos por harina. En la misma sartén, dorar los tacos de ternera durante 5 minutos, removiendo de vez en cuando.
- A continuación, incorporar el sofrito de pimiento, el vino, la salsa de soja, el agua y las almendras picadas, y cocer a fuego suave durante 45 minutos. Unos 3 minutos antes de que termine el tiempo de cocción, agregar los brotes de alfalfa y de soja. Sazonar con sal y pimienta.
- Servir la ternera bien caliente espolvoreada con un poco de perejil picado y acompañada de arroz blanco o patatas hervidas.

Tanto los germinados como la salsa de soja y las almendras aportan a este plato una buena dosis de omega 3, lo que compensa la falta de este ácido en la carne. Se trata de una receta de inspiración oriental, vistosa y muy aromática, que hará las delicias de los paladares más exigentes.

Salmón al cava con crujientes de calabaza

Tiempo: 45 minutos
Dificultad: baja

Ingredientes para 4 personas

1 kg de filetes de salmón
1/2 cebolla
300 ml de cava
250 ml de caldo de pescado
250 ml de leche de soja
50 ml de aceite de oliva
1 cucharada de pepitas de calabaza
pimienta
sal

Para los crujientes de calabaza

300 g de calabaza
sal

La combinación de salmón, cava y calabaza es sin duda un acierto. Se trata de una receta que, aunque aparentemente sea difícil, resulta muy sencilla, además de económica. Agasajar a unos invitados con este plato será un éxito asegurado.

Preparación

- Tostar las pepitas de calabaza en una sartén procurando que no se quemen. Reservar.
- Para preparar los crujientes de calabaza, precalentar el horno a 90 °C. Pelar la calabaza, cortar en rodajas finas y disponerlas en la bandeja del horno. Hornear durante 45 minutos aproximadamente hasta que la calabaza esté crujiente. Retirar del horno y dejar enfriar. Una vez fría, salar y reservar.
- En un cazo con 30 ml de aceite de oliva, rehogar la cebolla picada durante 3 minutos a fuego suave. A continuación, verter el cava y proseguir con la cocción durante 3 minutos más hasta que el líquido se reduzca a la mitad. Después, agregar el caldo de pescado y dejar reducir a la mitad también. Incorporar, por último, la leche de soja y continuar con la cocción durante 7 minutos, hasta que la leche adquiera una consistencia de crema.
- En una sartén con el resto del aceite de oliva, dorar el salmón previamente salpimentado por ambos lados durante unos minutos, dependiendo del grosor de los filetes.
- Servir los filetes de salmón en platos individuales. Rociar con la salsa de cava y disponer los crujientes de calabaza encima. Por último, decorar con las pepitas de calabaza. Servir bien caliente.

Estofado de carne de caballo

Tiempo: 30 minutos
Dificultad: media

Ingredientes para 4 personas

500 g de carne de caballo para estofar
1 cebolla
2 tomates maduros
6 patatas
2 dientes de ajo
250 ml de jerez
1 l de caldo de verduras
2 castañas
5 nueces
3 bastoncillos de pan
1 clavo de olor
1 cucharadita de jengibre fresco picado
2 hojas de laurel
una pizca de azafrán
75 ml de aceite de oliva
sal
pimienta

Preparación

- Pelar, escaldar y retirar la piel fina a las castañas y a las nueces. Pasarlas a un mortero y majarlas junto con los ajos, el azafrán, el clavo y los bastoncillos de pan hasta conseguir una mezcla homogénea. Agregar 30 ml de aceite, volver a mezclar para que ligue y reservar.
- En una cazuela con el resto del aceite, pochar la cebolla picada a fuego medio durante 3 minutos. A continuación, añadir la carne de caballo troceada y dorarla durante 2 minutos.
- Verter el jerez y flambear. Sazonar con sal y pimienta.
- Incorporar las patatas peladas y cortadas en dados medianos, el tomate pelado y troceado, la majada, el laurel y el caldo. Rectificar de sal y añadir el jengibre. Cocer la preparación a fuego medio durante 15 minutos hasta que las patatas estén tiernas.
- Dejar reposar el guiso durante 30 minutos y degustar caliente.

La carne de caballo, aromática y sumamente sabrosa, es la que más ácidos grasos contiene y la que mayor garantía posee sobre su calidad, pues estos animales viven de forma salvaje y se alimentan exclusivamente de pastos. Además, el nivel de grasas es mínimo, por lo que las calorías por ración son pocas.

Minitortillas de rúcula, puerros y salmón

Tiempo: 30 minutos
Dificultad: baja

Ingredientes para 4-6 personas

250 g de rúcula
200 g de salmón ahumado
2 puerros
4 patatas grandes
2 dientes de ajo
8 huevos
1/2 sobre de levadura en polvo
75 ml de leche
120 ml de aceite de oliva
sal
pimienta

No hay nada como una buena tortilla para agasajar una tarde de verano a unos invitados. Las tortillas son económicas, fáciles de elaborar y pueden llegar a convertirse en una verdadera obra de arte culinaria. Es el caso de la que se presenta aquí, pues el color y el sabor del salmón la hacen insuperable.

Preparación

- En una sartén con 40 ml de aceite, sofreír los puerros picados a fuego medio durante 5 minutos hasta que estén transparentes. A continuación, incorporar la rúcula y pocharla durante 2 minutos. Después, agregar los ajos cortados en láminas y el salmón troceado. Continuar con la cocción durante 3 minutos más, sazonar con sal y pimienta y reservar.
- Pelar y cortar las patatas en dados pequeños. En otra sartén, freírlas a fuego suave con 50 ml de aceite durante 10 minutos removiendo de vez en cuando. Reservar.
- En un cuenco grande, batir los huevos junto con la leche y la levadura, y sazonar. Incorporar la preparación de rúcula, puerros y salmón junto con las patatas, y mezclar hasta que todos los ingredientes queden integrados.
- Poner a fuego fuerte una sartén antiadherente con el resto del aceite. Cuando el aceite esté muy caliente, echar un cucharón de preparación de huevos, rúcula y salmón, y bajar el fuego al mínimo. Cuando la mezcla cuaje, dar la vuelta a la tortilla con la ayuda de una espátula para freírla por el otro lado. Repetir la operación hasta acabar con la preparación. Servir las minitortillas calientes.

Timbal de salmón y verduras

Tiempo: 1 hora y 30 minutos
(más el tiempo de maceración)
Dificultad: alta

Ingredientes para 4 personas

500 g de salmón fresco
250 g de sal gruesa
125 g de azúcar
1/2 cucharada de perejil picado
1/2 cucharada de eneldo picado
1/2 cucharada de pimienta verde en grano
aceite de oliva
2 cucharadas de pimentón
250 g de judías verdes
250 g de zanahorias
250 g de patatas
2 pepinos
el zumo de 1 limón
sal

Para la salsa de ajo

150 g de ajos tiernos
150 ml de aceite de oliva
180 ml de crema de leche
pimienta
sal

Preparación

- En un cuenco mezclar la sal gruesa, el azúcar, los granos de pimienta majados, el pimentón, el eneldo, el perejil y el zumo de limón. En una bandeja honda, disponer el salmón y cubrirlo con la mezcla. Macerar en la nevera durante 8 horas.
- Lavar y cortar en juliana las judías y las zanahorias. Pelar y cortar en rodajas finas las patatas. Cocer en agua salada durante 4 minutos. Deben quedar tiernas pero firmes. Escurrir y, en un cuenco, mezclar con un poco de aceite de oliva y sazonar. Reservar.
- Para elaborar la salsa, limpiar y pelar los ajos. Cocerlos en agua salada a fuego suave 10 minutos. Escurrir y, en una sartén con el aceite, confitarlos a fuego suave durante 10 minutos. Retirar los ajos y reservar algunos para la decoración. En un cazo, calentar la crema de leche junto con los ajos confitados. Una vez alcance el punto de ebullición, dejar cocer durante 30 segundos y retirar del fuego. Batir la mezcla, salpimentar y reservar.
- Pelar y cortar en rodajas los pepinos. Para montar los platos, disponer un aro de emplatar de unos 8 cm de alto por 10 cm de diámetro sobre un lecho de rodajas de pepino. Hacer capas con las preparaciones en el siguiente orden: salmón, judías, zanahoria, patatas y otra capa de salmón macerado. Retirar el aro con cuidado y rociar la terrina con la salsa de ajo. Decorar con los ajos fritos reservados y servir templado.

POSTRES Y DULCES

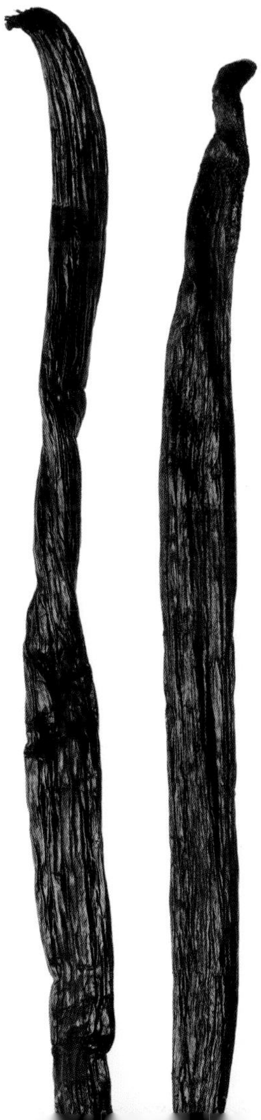

Peras salteadas con jengibre y aceite de nuez

Tiempo: 20 minutos
Dificultad: media

Ingredientes para 4 personas

4 peras
30 ml de aceite de nuez
el zumo de 1 limón
30 ml de licor de pera
250 ml de vino blanco
30 ml de aceite de oliva
150 g de azúcar
hojas de menta

Para la salsa de jengibre

3 cm de raíz de jengibre
250 ml de crema de soja
1 vaina de vainilla
1 cucharada de azúcar

Esta receta es ideal para celebraciones y fiestas, por su atractivo visual y su excelente aroma y sabor.
La pera es una fruta rica en azúcar y vitamina C, lo que la convierte en una estupenda fuente de energía sana.

Preparación

- Para preparar la salsa, pelar y picar muy fino el jengibre. Cocer en un cazo la crema de soja junto con el azúcar, la vaina de vainilla abierta y el jengibre durante 5 minutos a fuego medio hasta lograr una mezcla homogénea. Una vez pasado el tiempo, colar y reservar a temperatura ambiente hasta que se enfríe.
- Pelar las peras con cuidado de no romper el pedúnculo. Seguidamente rociarlas con un poco de zumo de limón para que no se oxiden.
- En una sartén con el aceite de oliva, rehogar las peras junto con el aceite de nuez, el licor y el vino a fuego medio durante 10 minutos. Cuando estén un poco doradas, añadir 30 g de azúcar y proseguir con la cocción durante 10 minutos más hasta que el alcohol se evapore.
- En otra sartén, elaborar un caramelo con el resto del azúcar y unas gotas de zumo de limón.
- Servir las peras en platos individuales de la siguiente manera: en el centro del plato, poner 1 cucharada del caramelo y disponer alrededor un poco de salsa de jengibre. Por último, colocar 1 pera en el centro, salsear con el caramelo y decorar con hojas de menta.

Empanadillas rellenas de ciruelas verdes

Tiempo: 45 minutos
Dificultad: media

Ingredientes para 4-6 personas

16 ciruelas verdes deshuesadas
350 g de harina
1/2 cucharadita de sal
2 huevos
60 g de mantequilla a temperatura ambiente
160 ml de leche de soja
60 g de azúcar
1 cucharadita de canela
1/2 cucharadita de nuez moscada rallada
1 cucharada de semillas de sésamo negro
1 cucharada de semillas de sésamo tostadas
2 yogures naturales
2 cucharadas de coco rallado
unas hojas de menta

Estas empanadillas dulces cocidas resultan más aptas para una dieta baja en grasas que las fritas. El aporte de omega 3 está garantizado gracias a los dos tipos de semillas de sésamo, mientras que el yogur mezclado con el coco aporta un sorprendente contraste de sabores.

Preparación

- Poner la harina en un cuenco, agregar la sal y mezclar.
- Batir los huevos con la mantequilla ablandada y añadir a la harina junto con la leche de soja. Mezclar todos los ingredientes hasta conseguir una pasta consistente. Después, ponerla en una superficie de trabajo enharinada y amasar durante 10 minutos hasta conseguir una pasta homogénea y elástica. Formar una bola, envolverla con film transparente y dejar reposar 30 minutos.
- Mientras tanto, mezclar en un cuenco el azúcar, la canela, la nuez moscada y los dos tipos de sésamo, y reservar.
- Extender la pasta con un rodillo hasta que tenga un grosor de 3 mm. Cortar 32 discos con un cortapasta de 7 cm de diámetro. Colocar una ciruela (2 mitades) en el centro de 16 discos y espolvorearlas con la mitad de la mezcla reservada anteriormente. Cubrir cada ciruela con otro disco de pasta y pegar bien los bordes con un tenedor.
- Poner una olla al fuego con abundante agua. Cuando hierva, cocer las empanadillas en varias tandas durante 12 minutos. Retirar del agua, dejar escurrir y espolvorear con el resto de la mezcla de azúcar reservada.
- Servir las empanadillas en platos individuales acompañadas del yogur mezclado con el coco rallado y espolvoreadas con sésamo. Decorar con unas hojas de menta.

Melocotones con crema de frutos rojos

Tiempo: 20 minutos
(más el tiempo de reposo)
Dificultad: media

Ingredientes para 4 personas

4 melocotones
2 hojas de gelatina neutra
25 g de azúcar glas
60 ml de agua

Para la crema de frutos rojos

100 g de fresas
60 g de frambuesas
1 hoja de gelatina neutra
1 cucharada de azúcar
30 ml de agua

Para la crema de leche

150 ml de crema de leche
150 g de requesón
2 cucharadas de azúcar

Calcio, vitamina C, minerales, omega 3... Presentamos un postre que, además de elegante y exquisito, es muy nutritivo, saludable y muy bajo en calorías, por lo que está recomendado en toda clase de dietas y para todas las edades.

Preparación

- Lavar los melocotones, pelarlos, eliminar el hueso y trocearlos lo más pequeños posible. Reservar.
- Hidratar las hojas de gelatina en un cuenco con agua fría durante 10 minutos. En una cazuela, calentar el agua, el azúcar y los melocotones troceados. Una vez alcance el punto de ebullición, retirar la cazuela del fuego. Escurrir las hojas de gelatina y añadirlas a la preparación, mezclar y repartir la mezcla en 4 vasos hasta cubrir la mitad. Dejar enfriar. Reservar en la nevera alrededor de 30 minutos.
- Para elaborar la crema de frutos rojos, hidratar la hoja de gelatina en un cuenco con agua fría durante 10 minutos. Triturar las fresas y las frambuesas (reservar algunas para la decoración). Poner en un cazo al fuego el agua con el azúcar y, cuando llegue al punto de ebullición, agregar la gelatina escurrida. Remover y retirar del fuego. Incorporar las fresas y las frambuesas trituradas y remover. Dejar enfriar a temperatura ambiente. Una vez fría, repartir la crema en los vasos de melocotón y dejar enfriar en la nevera unos 30 minutos.
- A continuación, batir la crema de leche hasta lograr una textura consistente. Agregar el requesón y el azúcar, y mezclar todo con suavidad. Repartir la crema de queso sobre los vasos y decorar con las fresas y las frambuesas reservadas.

Pastas rellenas de dátiles, nueces y almendras

Tiempo: 45 minutos
Dificultad: media

Ingredientes para 4-6 personas

500 g de harina de trigo
75 ml de aceite de oliva
75 ml de agua caliente
aceite para freír
150 g de mantequilla derretida
250 g de dátiles deshuesados y picados
125 g de almendras picadas
125 g de nueces picadas
la cáscara de 1/2 naranja finamente picada
miel
1/2 cucharadita de sal

Preparación

- Poner en un cuenco la harina y la sal. Añadir poco a poco el aceite y la mantequilla derretida, removiendo con un tenedor hasta que los ingredientes estén mezclados. Agregar entonces el agua y amasar hasta conseguir una pasta firme.
- Sobre una superficie de trabajo, extender la masa con un rodillo y formar 2 rectángulos de 30 cm de largo por 10 cm de ancho y 4 mm de grosor.
- Mezclar los dátiles, las nueces, las almendras y la cáscara de naranja. Disponer esta mezcla sobre uno de los rectángulos procurando que no llegue al borde. Colocar encima el otro rectángulo y apretar bien los bordes.
- Cortar rodajas de unos 2 cm y freírlas en aceite bien caliente hasta que se doren. Escurrirlas sobre papel de cocina y dejar enfriar.
- Una vez frías, servir las pastas bañadas en miel.

Éste es un postre altamente recomendable para niños y estudiantes por su elevado contenido en minerales, ya que tanto los dátiles como las almendras y las nueces son ricas en nutrientes y fibras, y sobre todo en omega 3.

Piña caramelizada al cardamomo

Tiempo: 15 minutos
Dificultad: baja

Ingredientes para 4 personas

1/2 piña
12 cerezas
4 mitades de melocotón en almíbar
3 cucharadas de azúcar
1 cucharadita de cardamomo molido
50 ml de aceite de oliva suave

Preparación

- Pelar la piña y cortarla en rodajas finas.
- En una sartén con el aceite, dorar las rodajas de piña por ambos lados durante 2 minutos.
  A continuación, incorporar el azúcar y el cardamomo y proseguir con la cocción hasta que tome color de caramelo.
- Agregar los melocotones cortados en rodajas y las cerezas deshuesadas.
  Incorporar 2 cucharadas del almíbar del melocotón y saltear todo durante 2 minutos más a fuego medio.
- Servir caliente en platos individuales.

La piña es una de las pocas frutas que son fuente natural de omega 3 y de otros ácidos grasos esenciales. Por su gran versatilidad –se puede degustar en platos tanto dulces como salados– y por su elevado aporte nutricional, esta fruta, que antaño se consideraba exótica, se ha convertido en un elemento imprescindible en la cocina occidental.

Puré de cerezas y fresas con leche de almendras

Tiempo: 15 minutos
Dificultad: baja

Ingredientes para 6 personas

250 g de cerezas
250 g de fresas
2 yogures de soja
3 cucharadas de azúcar glas
150 g de azúcar
250 ml de leche de almendras
1 cucharada de maicena
hojas de menta

Preparación

- Lavar y deshuesar las cerezas. Lavar las fresas y retirarles el pedúnculo. Colocar ambas frutas en el vaso de la batidora y triturarlas.
- Calentar la leche en un cazo a fuego medio y agregar el azúcar. Llevar a ebullición y cocer durante 3 minutos hasta que el azúcar se disuelva. Dejar cocer 2 minutos más e incorporar la maicena sin dejar de remover. Continuar con la cocción otros 2 minutos y agregar el puré de cerezas y fresas. Remover y retirar del fuego.
- Disponer la mezcla en cuencos individuales y dejar enfriar a temperatura ambiente. Una vez frío el puré, reservar en la nevera hasta el momento de servir.
- Mezclar los yogures con el azúcar glas.
- Servir el puré bien frío acompañado con 2 cucharadas de yogur y decorado con hojas de menta.

Las fresas son una fuente considerable de omega 3, así que hay que aprovechar al máximo la temporada, que es cuando más sabrosas y más cargadas están de todas las vitaminas y minerales.
A los niños les encantan y, preparadas como en esta receta, resultarán irresistibles para toda la familia.

Dirección editorial: María Jesús Díaz
Corrección: Sara Torrico / Equipo Susaeta
Maqueta, portada, textos iniciales y fotografías realizados por *Proforma Visual Communication, S. L.* bajo la dirección e instrucciones de Susaeta Ediciones, S. A. Derechos de explotación, distribución y comunicación pública cedidos por *Proforma Visual Communication, S. L.* a Susaeta Ediciones, S. A.

Fotografía culinaria: Hans Geel
Coordinación del proyecto y estilismo: Ángela García

Campezo, 13 - 28022 Madrid
Tel.: 91 3009100 - Fax: 91 3009118
www.susaeta.com